Aurélienne Dauguet

COMMUNICATION AVEC L'AU DELÀ

De la sceptique au centre-aura-medium

MERANO-VERLAG

Informations bibliographiques de la Bibliothèque nationale allemande :

La Bibliothèque nationale allemande répertorie cette publication dans la Bibliographie nationale allemande ; des données bibliographiques détaillées sont disponibles sur Internet à l'adresse http://dnb.dnb.de.

Production: BoD - Livres à la demande, Norderstedt

Bibliografische Information der Deutschen Nationalbibliothek:

Die Deutsche Nationalbibliothek verzeichnet diese Publikation in der Deutschen Nationalbibliografie; detaillierte bibliografische Daten sind im Internet über http://dnb.dnb.de abrufbar.

Herstellung: BoD - Books on Demand, Norderstedt

ISBN: 978-3-944700-68-7 (Livre de poche)

ISBN: 978-3-944700-78-6 (livre électronique)

Table des matières

Formations spécialisées du centre-aura-médium :

1. FORMATION COMPLÈTE DE MÉDIUM

2. FORMATION DE CONSEILLER AURIQUE

3. AUTRES FORMATIONS

INTRODUCTION

Derrière ce récit en partie biographique, se cache un puissant message pour vous. Car c´est en effet un rappel : vous aussi, vous possédez la capacité de vous relier avec les différentes dimensions inhérentes de votre être (avec les couches profondes de votre inconscient, avec votre corps et ses fonctions) ainsi qu´avec les différents niveaux de conscience de l´univers.

La communication est la base de l'existence : tout se trouve dans un état d´échange vibrant comme le rythme naturel de l'inspire et de l'expire, qui maintient tout en vie. Dans l'univers, tout est connecté et tout est dans un état constant d´interaction. Cela s'applique aux êtres incarnés du plan matériel ainsi qu'à ceux non-incarnés des dimensions spirituelles, tout autant qu´à l'interaction entre les plans physiques et spirituels.

Puisque nous, êtres humains, sommes des êtres spirituels, nous avons la capacité de recevoir et de transmettre des informations entre ce monde et celui de l'au-delà. Nous sommes capables d'obtenir des messages de notre corps et de ses fonctions ainsi que des différents aspects de notre personnalité. Nous avons la capacité latente de nous connecter verbalement, télépathiquement et par nos sens affinés avec notre Moi Supérieur ainsi qu'avec des entités non incarnées.

Nous, les humains, avons négligé nos capacités à échanger consciemment nos pensées avec l'univers afin d´en recevoir des réponses sur mesure à tout moment. Ou peut-être que cette possibilité de communication universelle nous a-t-elle été volée ?

Moi aussi, j'ai partiellement réprimé mes capacités. Jusqu'à ce qu'on me montre que ces unités de conscience nous accompagnent et nous soutiennent constamment. En effet, nous sommes tous capables de communiquer avec les défunts et autres êtres désincarnés.

Grâce à leur langage empathique, les êtres de l´autre monde m'ont amenée à fonder le Centre-Aura-Médium. Sa finalité et son objectif ainsi que le contenu des formations sont expliqués en détail à la fin du livre.

CHAPITRE 1 : "NOUS NE CROYONS EN RIEN"

Dès mon plus jeune âge, je me souviens être porteuse d´une autre dimension à l´intérieur de ma conscience. Elle communique sous forme de voix et d'images intérieures, de ressentis et parfois aussi avec l´aide d´un savoir inné sans équivoque. En outre, je reçois des impulsions de ces niveaux supérieurs, comme si j'étais physiquement poussée et stimulée à effectuer certaines actions. Dans la vie de tous les jours, je reçois des signaux clairs qui mettent en évidence des informations importantes qui sont marqués par et accompagnés d'une certaine excitation. C'est comme si elles étaient soulignées pour attirer inévitablement mon attention sur elles. Il peut s'agir d'événements sonores, visuels ou olfactifs. Dans ma jeunesse, une de mes connaissances prétendait que mon moi supérieur était très développé. Ce qui est un bon modèle explicatif. Cependant, aujourd'hui, je propose une exploration plus approfondie du sujet.

Même quand je suis seule, je me sens toujours entourée d'une présence. Donc, je ne suis jamais solitaire. Au contraire, j'éprouve souvent le besoin de me retirer pour me consacrer à mon compagnonnage intérieur. J'accueille la solitude et j´apprécie la liberté et le calme dans lesquelles se déroulent mes rencontres intériorisées.

Même avant l'âge de 2 ans, dès que je pouvais me déplacer de façon autonome, je préférais passer mon temps sous la grande table couverte de la longue nappe. Je profitais de la merveilleuse protection que cette nappe, qui atteignait presque le sol, m´offrait à tout moment.

À l´intérieur de cet espace sombre et protégé, je sombrais dans un état méditatif. Non seulement je ressentais une profonde paix, mais je vivais un état indéfini de liberté, de bonheur et d'accomplissement de l'être, qui s'exprimaient dans une saturation spirituelle bienfaisante et complète, accompagnée d' un profond plaisir des sens. Là, je ressentais tout de façon plus subtile et authentique que dans le monde extérieur. Là, je me mettais en retrait dans « mon monde » pour me retrouver et pour redevenir une avec « tout ce qui est ».

Mon regard s'étendait plus loin et plus profondément au-delà du quotidien : ma perception capturait l'illimité en percevant au travers et derrière ce qui est perceptible aux sens physiques. Je communiquais télépathiquement et je ressentais encore davantage au travers de ma clairsentience spontanée. J'avais un savoir direct et j'obtenais des réponses sous forme de sensations à la fois sensorielles et intériorisées. Seulement là, dans mon monde intérieur, je pouvais enfin trouver confiance et relaxation. Seulement là, j'avais le sentiment d'appartenir. Seulement là, j'étais chez moi. Là sous la table et derrière la nappe, j'ai perçu des phases futures de ma vie d'adulte ou peut-être même les ai-je crées. Occasionnellement, je traverse des moments de mon existence qui sont en fait des déjà-vus. C'est alors que j'en fais l'expérience dans la réalité, exactement comme elles m'ont été présentées mentalement.

Dans mon espace protégé, il n'y avait aucune contrainte étrangère, aucune restriction de mon imagination, aucun bruit. Tout y était pur, calme et évident pour moi.

Malheureusement, ma pause sous la table était interrompue à plusieurs reprises par ma mère, ce qui m'empêchait de me détendre. Elle ne comprenait pas mon besoin de retraite. En fait, elle était inquiète que quelque chose ne soit pas en ordre. « Ce n'est pas normal qu'un enfant se retire dans la solitude et dans l'obscurité. Un enfant doit jouer et bouger » Disait-elle. Alors, je devais sortir de ma cachette et ma mère m'envoyait dans le jardin. Il fallait que je fasse quelque chose, que je m´occupe. J'ai intériorisé cette croyance et cela m'a façonné jusqu'à l'âge adulte, période pendant laquelle j'ai exhibé une sorte d'hyperactivité. Malgré cette super motivation, j'avais l'impression de ne rien accomplir et que rien ne se passait dans ma vie.

Ma famille n'avait aucune compréhension pour ma façon d´être. Elle se sentait déstabilisée, sinon effrayée, par mon existence. Ma mère me punissait. Mon père se moquait de moi. J´étais « spéciale », particulière, différente.

Même si les membres de ma famille se considéraient comme non conformes, j'étais un défi pour eux.

Leur leitmotiv était « Nous ne croyons en rien, nous ne croyons qu'en ce que nous voyons ». Cela signifie, entre autres, que nous ne croyons pas en Dieu.

Pour ma part, je croyais aussi à ce que je voyais. Cependant, je percevais d'autres dimensions que ma famille.

Le grand avantage de mon éducation athée est que j'ai pris l'habitude de vérifier pour moi-même et de remettre en question beaucoup de choses. De plus, mon éducation cartésienne m'a encouragée à penser de manière logique, cohérente et claire. J´ en suis très reconnaissante. Je n'ai jamais été crédule, même pas pendant ma phase dans le mouvement New Age. J'ai fait un pacte avec ma guidance intérieure. Elle me fera immanquablement un signe, si mon chemin de vie ou si mes structures mentales sont déconnectées de la réalité, déformés ou pas en accord avec mon essence. Et en effet, la vie me fournit des messages d'éveil. Elle me montre mon auto-déception comme à travers une loupe grossissante.

Avant de prendre une décision importante, je m´assure de la confirmation de mon autorité supérieure. Dans le passé, j'avais demandé à ma guidance de me donner le nom de mon premier magasin à Augsbourg. Cette réponse symbolisait pour moi la confirmation de mon moi supérieur. Elle confirmait que mon projet était béni ou approuvé par ma plus haute instance. J'ai attendu en vain pendant des jours, des semaines et même quelques mois. Mon entourage s'impatientait, mon conseiller fiscal me menaçait d'impôts élevés, si je n'investissais pas l'argent à temps.

Finalement à un moment donné, alors que mon esprit vaquait à des occupations n´ayant rien à voir avec ce sujet, le nom Lumina m'est venu à l'esprit. J'ai recherché son étymologie. Et oui, « Lumière »'était le terme correct pour ma boutique spirituelle qui proposait des articles consacrés à l´augmentation du taux vibratoire.

Altérité et compétences méconnues

Une réalisation troublante de mon enfance a été la découverte que mon entourage avait des perceptions différentes de la mienne. Cela a renforcé le sentiment que j'étais étrange et que cette différence était le signe que quelque chose « ne tournait pas rond » chez moi.

Mon altérité est dotée soit d´un rôle provocateur ou d'un rôle d´éveil. J'ai toujours abordé des sujets et des situations qui étaient refoulés, controversés ou encore inconnus, tels que : la mort, les extraterrestres, vouloir apprendre l'allemand (quand les Français détestaient encore les Allemands), vouloir apprendre le russe (quand tout le monde avait peur des communistes), les chemtrails, les chakras (alors que la bibliothécaire zurichoise affirmait que chakra était un mot français), vivre à l'étranger, etc. Cela n'a pas changé jusqu´à ce jour : que je le veuille ou non, je continue à être un challenge pour ma famille.

Au fil des années, le sentiment d'être incomprise s'est transformé par une confiance inébranlable en ma voix intérieure et, surtout, par le courage de la suivre.
J'ai appris à m'adapter, tout en faisant exactement ce qui m´est essentiel.
J'ai appris à osciller entre ma vie extérieure et mes perceptions intérieures. Au fil du temps, j'ai essayé de construire un pont. Depuis des années, c´est la spiritualité qui est mon leitmotiv dans tous les domaines de ma vie.

Enfance, dépression et doute
Après avoir réalisé que ma voyance interférait avec ma famille et après avoir été punie pour cela, j'ai décidé de devenir "normale" et d'arrêter d'en parler. Je suis devenue taciturne, renfermée et déprimée. Enfin, il y avait la paix. Personne n'a remarqué que j'avais perdu toute joie de vivre. En fait, j'ai réussi à supprimer partiellement mes capacités. Le prix était une enfance triste.
Même la musique des sphères, que j'entendais dans mes jeunes années, s'est tue à jamais. À ce jour, je suis hantée par la nostalgie de ces sons incomparables.
Au cours de cette phase de ma vie, j'ai développé de la compassion et de l'empathie. Cette souffrance m´a motivée à développer la sécurité et l'intégrité intérieure et j'ai trouvé l'harmonie avec mon moi supérieur. Maintenant, je suis capable d'encourager et de renforcer mes semblables à chercher et à trouver leur chemin.

Enfant, j'étais fascinée par la mort. Une fois, j'ai demandé à ma mère : « Que se passe-t-il quand on meurt ? ». Elle m'a répondu : « Alors tout est fini et tu te fais dévorer par les vers ».

Quelle réponse dérangeante pour moi ! Je ne pouvais pas l'accepter. Je savais que la vie continue d´une certaine manière. En même temps, j'étais en proie à des conflits parce que je voulais et je devais croire ma mère. En tant qu'adulte, c'était elle qui devait avoir raison. Et moi, enfant, je n'avais pas le droit de douter de son opinion.

Cependant, ma vie est devenue dénuée de sens. À quelle fin me lever tous les matins et me brosser les dents, saluer tout le monde, faire un effort pour apprendre toutes sortes de choses…. Pour être dévorée par les vers ? J'ai décidé que c´est inutile et que ça ne vaut pas la peine. Ce n´est pas étonnant qu'à la puberté je me sois sentie attirée par le nihilisme.

"S'il y a quelque chose dans l´au-delà, je te ferai signe"
Au fil des années, j'ai partagé de nombreuses conversations avec ma mère sur la mort ainsi que sur des sujets philosophiques. Elle n'avait aucune formation. Toutefois, elle portait une profonde sagesse et une pensée originale en elle. Elle avait surtout une grande capacité à aimer, beaucoup d'empathie et un respect inhérent de la nature. En fait, elle était panthéiste. Presque toutes ses phrases commençaient par "Dans la nature...", "La nature détermine que... », « Il n'y a qu'à observer la nature…'

Avec le temps, elle a légèrement changé son attitude envers la mort. Bien qu'elle ait continué à ne rien croire et qu'elle soit convaincue que la mort était "la fin", elle a souvent mentionné qu'elle me contacterait si elle faisait l'expérience de quoi que ce soit de l´autre côté du voile. Elle m'enverrait un signe.

Deux décennies plus tard, alors que j´habitais sur un bateau en Angleterre, elle est venue me rendre visite. Quand elle est arrivée, j'ai été très surprise de son état général. La mère que j'avais connue depuis ma plus tendre enfance comme souffrante, triste, déprimée, pessimiste et tendue était soudainement légère, joyeuse, pleine de vie et même en bonne forme physique. Elle faisait l´impression d´être dans un état optimal, mieux que jamais. Nous avons passé un merveilleux séjour ensemble. Elle admirait la nature et elle se réjouissait de toutes les petites choses.

Comme dans le passé, nous avons mené des conversations philosophiques. Surtout le soir, alors que nous étions toutes les deux allongées dans la cabine seulement éclairée par la pénombre nocturne. Ce furent des moments précieux pour moi : l'obscurité approfondissait nos échanges et intensifiait chaque émotion. Chaque mot de ma mère résonnait dans mes oreilles et chaque forme de pensée s´ imprimait dans la mémoire. Comme j'étais très réceptive, j'étais d'autant plus étonnée qu'elle me dise tout à coup : "La vie continue, c´est certain. La mort n'est pas la fin". Ses mots sonnaient majestueusement et portaient une véritable autorité cosmique dans leur expression. Non seulement, elle en était convaincue, mais c´était la source qui s´exprimait au travers de ses propos.

J'étais tellement étonnée que je ne trouvais pas de mots. En même temps, j´entendais encore sa réponse de mon enfance : "Quand on meurt, les vers dévorent le corps et c'est fini".

Comment cela était-il possible ?

Comment ma mère pouvait-elle me donner une réponse complètement opposée maintenant ?

Je savais que la mort n'était pas la fin. Et pourtant, je m'étais alignée sur le système de croyances de ma famille.

Et maintenant, ma chère maman me dit que, bien sûr, la vie continue après la mort. Et qu'elle me fera signe.
Peu de temps après cette conversation, elle tomba gravement malade. Elle était redevenue la femme faible, triste et malade que j'avais toujours connue. Elle est retournée en France, où elle est passée dans l´au-delà peu de temps après son arrivée.

Et elle m'a fait un signe de l´autre monde.

C´était quelques semaines plus tard. Elle paraissait rajeunie, joyeuse, légère et pleine de vie. Tout comme durant sa visite en Angleterre. Elle émanait un amour et une joie sans limite. Elle m´a dit qu'elle allait très bien, qu'elle ne souffrait pas. Elle était belle et très heureuse. Je pouvais littéralement sentir le bonheur qu'elle émanait.
Son affirmation était correcte : "Ça continue".
Son apparition a guéri de nombreux problèmes entre elle et moi. C'était la paix au-delà des mots. Les enchevêtrements karmiques ont été dissous. Nous sommes reliées par un amour océanique au-delà de cette vie.

CHAPITRE 2 : CRISE DE VIE ET VOCATION

La méditation et la voix dans ma tête

La crise de vie qui a bouleversé ma vision du monde à l'âge de 28 ans m´a également révélé ma mission de vie. Vocation et métier ne faisant plus qu'un. Depuis, j'ai fait de ma perception de l'aura mon occupation principale.

J'ai été guidée vers d'excellents maîtres comme Vicky Wall d'Aura Soma. J'ai profité largement d'enseignements individuels par des enseignants et des maitres privés, comme c'est la coutume dans la tradition spirituelle. Plus tard, j'ai pris conscience d'une voix intérieure s'exprimant dans ma tête ainsi que télépathiquement. J´ai aussi accès à un savoir spontané qui se manifeste au travers de flashes.

Je me suis freinée longtemps par le doute et l'hésitation. Je n´arrivais pas à accepter que la réponse ou la solution me viennent à l´esprit aussi facilement et je me créais de longues périodes de procrastination mentale.

Je voulais tout vérifier et prouver. La femme rationnelle en moi qui "ne croit en rien" - selon mon éducation athée - devait tout remettre en question. Même si cette tendance névrotique m'a fait faire de nombreux détours, je lui en suis aujourd'hui reconnaissante. De ce fait, j'ai suivi de nombreuses formations telles que : channeling, médiumnité, communication angélique, vision à distance, communication animale, maitrise du pendule et de la baguette etc... En conséquence, j'ai développé un discernement et une attitude réaliste. J´en ai conclu qu'aucune méthode n'est précise à 100%. L´ essentiel, c´ est l'idée que les perceptions extrasensorielles doivent être corroborées par des preuves concrètes. Les informations doivent être factuellement et émotionnellement compréhensibles. J´ insiste expressément sur ce fait au sein de notre travail dans le centre pour l´aura et le médium.

J´ai vu mon savoir et mes expériences médiumniques confirmés et renforcés par la pratique de la méditation. L'état méditatif est en fait la base pour explorer les niveaux subtils de la communication avec les niveaux supérieurs.

Lecture de l´Aura - Purification de l'Aura
C´est le cas des messages personnels annuels, une pratique que j'ai reçue par l´intermédiaire de la méditation. J'avais du mal à les accepter, d'une part parce que je n'imaginais pas la mise en œuvre (Comment puis-je faire un travail collectif et individuel en même temps ?), d'autre part parce que recevoir des messages pour de nombreuses personnes rassemblées dans ce cadre, me semblait être un grand défi.

Depuis maintenant 3 décennies, entre novembre et mars, je transmets ces messages médiumniques de la nouvelle année pour chacun (dates en cours sur le site : aureliennedauguet.com). J'ai reçu cette tâche "d'en haut". C'est à moi de la réaliser. Cependant, je ne suis soumise à aucune pression : je ne suis pas obligée de l´effectuer. Toutefois, cela semble la chose la plus naturelle du monde car ma volonté est en alignement avec la Volonté Suprême.

Mes capacités et leur développement me sont montrés de l'intérieur : je continue à recevoir de l'inspiration ou des impulsions intérieures qui sont confirmées par des événements extérieurs. J'ai l' impression que certaines opportunités favorables me sont présentées sur un plateau d'argent. Une idée me vient à l´esprit qui est suivie d´une situation correspondante dans ma vie réelle, ce qui m´ouvre la voie à sa mise en œuvre.

C´est ainsi que mon travail énergétique avec mes mains par le biais de la lecture et du nettoyage de l'aura est devenu une de mes tâches principales. Je n'ai jamais réussi à bien vendre mon travail avec la publicité, mais j'ai toujours eu suffisamment de clients. Ma voix intérieure m´informe mieux que n'importe quelle publicité. Le fait est que le flux de mon travail est en corrélation avec ma fréquence énergétique et personnelle.

Élever ma vibration et renforcer ma stabilité énergétique sont précisément les éléments sur lesquels je me concentre de manière permanente. C'est la seule façon dont mon travail peut être authentique.

Ma guidance intérieure : ma profession de conférencière.

J'ai initié de maintes fois de nouveaux départs dans ma vie. Une fois que j'ai maîtrisé une tâche, j´en deviens rapidement lasse et je cherche le prochain défi : vais-je assumer un nouveau rôle (infirmière, thérapeute, conférencière, auteure, commerçante). Ou bien, la question resurgit régulièrement : vais-je déménager et aller à l'étranger ou même revenir dans mon pays d´origine ?

À un moment donné, j'avais à nouveau besoin d'un changement de carrière, quelque chose qui, comme toujours, susciterait mon enthousiasme. J'avais fait une formation d´un week-end, auquel la directrice de l'école était présente en tant que participante. Je trouvais le cours plutôt médiocre. J'avais du succès avec la lecture et la purification de l´aura. Cependant, il me manquait quelque chose : à savoir, transmettre mes connaissances. Ce que j´avais profusément fait dans les séminaires de mes boutiques ésotériques.

Je ne me sentais plus bien dans ma peau, durant cette phase où l'ancien ne me satisfaisait plus et où le nouveau n'était pas encore défini. Je revenais tout juste de faire des commissions, lorsque mon état se fige et mon attention est aiguisée : je plane au-dessus de mon corps et j'entends clairement le message suivant :

"Appelle la directrice de l´école et pose-lui la question suivante : Avez-vous déjà quelqu'un qui propose l´aurathérapie dans le cadre d'une formation professionnelle ?"
Elle répondra d'une voix joyeuse : « Non, pas encore. Mais si vous me faites une suggestion, nous pouvons commencer à l'automne".
Un dialogue intérieur plein de doutes et de conflits s´empare de moi. « Suis-je capable d´assumer ce travail ? » « Mais non, elle n'aura aucun intérêt pour l´aurathérapie etc. ! »
Mais l´urgence d'appeler est si intense que je suis incapable d´y résister.
Donc, j´appelle et je pose la question, comme indiqué.
La réponse de la directrice est mot pour mot et sur le même ton que ce que j'avais entendu dans le moment d´inspiration.
Alors, je m´assois, complètement émue. Le curriculum du séminaire m'a été dicté télépathiquement. Il a été accepté immédiatement. Et j'ai donc commencé une carrière de succès dans cette école.

Mes conflits intérieurs : famille et maîtres spirituels
Bien que j'aie reçu d'innombrables communications des dimensions supérieures, je m´adonnais encore et encore à des doutes éternels et des hésitations oscillantes. J´avais honte et je démontais les messages que je recevais : pourquoi m'arrive-t-il de telles choses ? J'étais déchirée entre la crainte du processus et mes expériences profondes. Car les messages sont très concrets et perceptibles, de façon physique et émotionnelle. Cependant, parfois ils sont purement spirituels lorsque j'entends la voix dans ma tête ou quand je reçois des images claires comme des flashs.

« Je n'en suis pas digne. Et peut-être que le message est faux de toute manière » me dit mon dialogue intérieur. Et puis la peur me submerge.

En outre, je craignais d'entrer en contact avec des entités maléfiques. Mon père et quelques maîtres spirituels férus de négativité m'avaient prévenu à ce sujet.

Ensuite, j´ai traversé une période durant laquelle je percevais régulièrement le visage du Christ de manière très vivante dans mes méditations quotidiennes. La fréquence qui accompagnait ces apparitions était très élevée. Mais pourquoi se présente-t-il à moi ? Je suis née dans une famille athée ! Cela ne faisait qu´ajouter à ma confusion.

Plus tard, j´ai traversé « la phase Marie » associée aux sources d´eaux sacrées et aux livres que des connaissances m´envoyaient ainsi qu´une étrange série de synchronicités concernant Marie, l´éternel féminin et ces sources eau guérisseuses.

Lorsque j'ai assisté à une formation de vision à distance (remote viewing), le professeur du séminaire m'a guidée vers une connexion avec des êtres angéliques que j'ai spontanément canalisés, alors que j'étais guidée par leur amour pur. Je n´ai jamais été portée sur des objets angéliques ou religieux ou même sur la mention récurrente de l'amour. Mais à ce moment-là, j'étais cet amour qui se déversait à travers moi, canalisé par les anges dont je devenais le porte-parole clair.

Fort souvent, j´ai vécu des situations de déjà-vu, que j'avais perçues avec précision dans mon esprit quelque temps au paravent.

Néanmoins, je connais bien aussi l'envers de ma personnalité avec ses échecs, où je fais preuve de bêtise et de maladresse dans certains domaines de la vie. Ces aspects sont également présents et à l'époque, je trouvais difficiles de les concilier avec les intuitions profondes que je recevais spontanément.

Je craignais également de perdre contact avec la réalité. Trop souvent, j'avais été victime de mes propres illusions et le témoin, de personnes dans le milieu ésotérique, qui prennent leurs souhaits pour des réalités, tout en échouant dramatiquement dans la maîtrise du quotidien.

Ces expériences ainsi que mes rencontres avec les aspects sombres et les égrégores négatifs m'ont amenée à privilégier l'authenticité avec rigueur et clarté.

Ma protection particulière

Même si je connais la peur et que je manquais d'assurance, il est extrêmement frappant de constater à quel point j'ai pris des risques tout au long de ma vie. J'ai toujours aimé voyager seule, en Europe et même à Oman - souvent en auto-stop. J´étais en Union soviétique et aux États-Unis. J´ai fait beaucoup de tentations hardies : des changements alimentaires jusqu'au pranisme pendant 4 ans. J´ai fait également de nombreuses thérapies avec des thérapeutes que je ne connaissais pas, comme par exemple le tank flottant de Lilly ainsi que de participer à diverses méditations, à des groupes thérapeutiques et à quelques expériences extrêmes.

J'étais très curieuse et naïve à la fois. Mon éducation, les conversations que j´avais poursuivies avec ma mère dans l´enfance et la philosophie de Jean-Jacques Rousseau m'ont marquée à jamais : l'homme est essentiellement bon.

J'en étais et j'en suis toujours autant convaincue. Je sais que cette attitude m'a positivement accompagnée dans de nombreuses situations aventureuses. Je suis aussi consciente de mon intuition fiable. Ma confiance est saine. Je fais preuve de réflexion et de maturité. J'ai aussi un tempérament flamboyant et si nécessaire, je suis en état de me défendre. En outre, j'ai de la chance.

C'est l´évaluation de ma personnalité (de mon aspect humain) que je fais en mémorisant les constellations dangereuses que j´ai vécues et dont je me demande comment j'ai réussi à en sortir saine et sauve.

J'ai de la chance, mais qu'est-ce que cela veut dire ? C'était ma désignation de la situation à l'époque. Plutôt superficielle, dirais-je maintenant que j´ai acquis des connaissances plus profondes.

De nombreuses années plus tard, lorsque j'étais plongée dans une activité banale, j´ai revécu 2 situations précises de mes jeunes années en rétrospective. Subitement, j'ai flotté dans un état hors du corps avec une perception expansive. Dans cet état, j'étais capable de percevoir non seulement les événements extérieurs, mais encore les pensées, les motivations et les intentions de ceux qui m'entouraient, ainsi que mon propre comportement.

En fait, ce sont des situations dangereuses qu'aucune jeune femme ne devrait confronter seule.

J´étais en voiture avec 4 hommes quelque part dans les montagnes bulgares. Ils me sont inconnus sauf un, le fils du couple auquel je rends visite derrière le rideau de fer, à l´époque du régime communiste. Nous communiquons ensemble grâce à mon mauvais russe et à leur mauvais anglais. À un moment donné, il me vient à l'esprit qu'ils sont censés être au travail. Je leur demande : « Pourquoi avez-vous pris un jour de congé au milieu de la semaine ?» Ils ne me fournissent qu´une réponse vague. Il y a quelque chose qui cloche, mais le temps est beau, les montagnes et la nature sont magnifiques.

Je n´avais alors aucune idée. Mais de la perspective supérieure dont je jouis à ce moment de réflexion, je réalise maintenant que les 4 hommes n'avaient définitivement pas de bonnes intentions envers moi, car les femmes occidentales avaient une mauvaise réputation dans ce pays à l´époque. Dans une certaine mesure, j´étais protégée par mon ignorance.

Cependant, alors que le crépuscule se répand lentement, je me sens de moins en moins à l´aise avec mes « compagnons ». De façon complètement inattendue, mon intuition parle au travers de moi. Je suis moi-même surprise du ton expressif et autoritaire de ma voix : "Bon, maintenant, rangeons nos affaires et rentrons à la maison". Le ton est profond, l'effet immédiat : chacun rassemble ses affaires. Nous rentrons sains et saufs.

Ce n'était pas seulement de la chance. J´étais sous la protection la plus élevée. Un grand merci pour cette guidance que j´ai enfin reconnue après de nombreuses années.

Je suis allongée dans le lit d'un appartement quelque part à Chicago. On m'avertit par télépathie que la situation dans la pièce d'à côté est dangereuse : des gens consomment de l'alcool et prennent des drogues. Cela ne me plaît pas, c´est pourquoi, je me suis retirée dans la chambre à coucher. Je me suis allongée dans le lit, tout habillée. L'énergie est tendue et imprévisible. L´un des hommes à côté est de plus en plus bruyant. Dans l´obscurité, je perçois les énergies qui accompagnent de tels rassemblements : celles-ci se nourrissent de peur, de violence et de confusion. Soudain, l'homme bruyant fait irruption dans la chambre et s'allonge au travers du lit : il transpire, son visage s'est transformé en une grimace, ses pupilles sont dilatées et il ne peut que marmonner ses mots. Ses copains entrent dans la pièce et observent la scène avec un regard figé. Je sais que je ne peux en aucun cas compter sur leur aide. Soudainement la voix claire et grave parle au travers de moi : "Maintenant, il est tard. Donc, on va se coucher et on se verra demain"

Je suis entièrement consternée, non seulement par la grande autorité de mon ton de voix, mais également par son effet sur le type alcoolisé et ses copains : ils me souhaitent tous une bonne nuit et sortent de la chambre.

Il ne s´agit pas seulement de chance, comme j´ai supposé pendant des années jusqu'à ce que je perçoive cette scène "d'en haut" à l´aide d´ une conscience supérieure. C'était en fait l'expression de la plus haute protection- une fois de plus.

D'innombrables situations similaires se sont accumulées dans ma vie. Je suis arrivée à un point où je les accepte avec une profonde gratitude envers mon instance spirituelle. Je suis convaincue que tout le monde est doué d´ une protection similaire - si seulement nous en étions conscients et nous l'évoquions plus souvent!

CHAPITRE 3 : DÉCOUVERTE DE MES GUIDES SPIRITUELS

Contacte avec mes guides spirituels

Comme je l´ai décrit précédemment, ma conscience et ma connexion avec mes guides spirituels étaient gravement affectées.

D'un côté, je ne me sentais "jamais seule", mais toujours accompagnée ou entourée. Cependant, j´étais incapable d´accepter la guidance et la protection simplement et clairement. Constamment, je remettais tout en question. Non seulement je doutais mais je boycottais ce que je percevais, ressentais et entendais. J'ai démembré et rationalisé des expériences jusqu'à me convaincre que j'avais eu des illusions, inventé des choses ou même que j´avais été influencée par autrui.

Cependant, j'ai toujours suivi la voix intérieure. Les réponses à mes questions sont si claires que je ne peux pas les ignorer. Rétrospectivement, je reconnais naturellement l´application des lois et des règles cosmiques : L'ouverture est nécessaire et l'ego prend du recul pour faire place à la présence divine.

Parallèlement, j´ai découvert que de nombreuses pratiques ou connaissances populaires concernant le monde des esprits sont incomplètes, indifférenciées ou incorrectes. Certaines de mes hésitations ou doutes étaient justifiés et fondés sur mes expériences personnelles. C´était en effet à moi de découvrir et de vérifier pour moi-même le chemin ainsi que d´apprendre à maintenir la connexion. En conséquence, j'ai fait de nombreux détours et je me suis rendu la tâche plus difficile que nécessaire. Cependant, ce n'était pas une perte de temps, car j'ai aiguisé et formé mon esprit de raisonnement pour examiner minutieusement mon intuition. Ce qui, finalement, m´infuse une confiance inébranlable. Comme je l'ai écrit dans mon livre « NOURRITURE LUMINEUSE - MA NOUVELLE VIE AVEC LE

PRANISME », j'ai tendance à faire toutes les erreurs possibles. Je découvre ainsi les méthodes optimales et les attitudes que je souhaite partager avec d'autres personnes. C'est finalement un énorme avantage pour mon travail de conférencière et de thérapeute.

La fréquence de la terre et des personnes prêtes à évoluer augmente constamment. En même temps, les niveaux spirituels descendent vers l´humanité afin d´ entrer en contact. Bien sûr, l'accès est quelquefois incohérent et teinté du cachet individuel, variant d'une personne à l'autre. Cet état de fait n'est pourtant pas nouveau, il est à l'œuvre depuis la grande convergence des années 1980. Les signes deviennent de plus en plus visibles pour un nombre croissant d'âmes incarnées.

C'est pourquoi la communication avec l'au-delà est d'autant plus d'actualité et d´une importante croissante. Sous la forme soit de contact avec nos propres aspects de sagesse et imbus de la connaissance de l'âme, soit avec des entités d'autres dimensions, qui servent de pont vers la conscience cosmique. C'est exactement ce que j'enseigne dans ce CENTRE AURA ET MÉDIUM / aura-medium-zentrum.com.

Fondamentalement, nous sommes tous chéris, guidés et protégés. Nous avons tous au moins un guide spirituel. D'autres esprits de différents niveaux se joindront au besoin, selon les étapes de vie que nous traversons. Nous sommes ancrés dans le cosmos. Les énergies négatives font tout pour suggérer aux gens l'illusion qu'ils sont seuls, isolés et déconnectés de la source. En revanche, la providence globale est toujours présente, que nous la percevions ou non.

Je demande pardon d'avoir souillé, ignoré et faussement interprété la notion d´une humanité intégrée et assimilée aux forces universelles. Je suis reconnaissante envers la puissance ultime et mes guides spirituels de m'avoir accompagnée, conseillée, protégée, sauvée ainsi que d'avoir pris soin de moi pendant de nombreuses années – tout cela malgré mes doutes.

À présent, je peux identifier 4 guides spécifiques.
Joy est la femme d'un de mes maîtres spirituels. De son vivant, elle m´ envoyait des cadeaux, des livres sélectionnés et de la musique des États-Unis. Elle a été une amie généreuse et présente pour moi. Joy m´accompagne en tant que guide spirituel pour le channeling.
M. Kistler a été mon premier maître et guérisseur privé à Zurich. Il m'a profondément influencée en me transmettant un savoir spirituel très extensif de manière concrète et utile. En outre, j'ai fait une psychothérapie selon CG Jung avec lui, ainsi que de nombreuses heures de cours particuliers. Il continue à m'enseigner et à me conseiller de l'au-delà.
J'ai déjà mentionné le Docteur Barthès, notre médecin de famille dans les années 1960 et 1970, dans mon livre « L´ILLUSIONISTE OU D´AIMER ET DE MOURIR. Il était un opposant de la vaccination et fondateur de la première école d'acupuncture en France. Il m'a contactée alors qu'il oscillait entre la vie et la mort. À cette époque, je persistais dans le refoulement d´une autre réalité. Cependant, c´est lui qui m'a fourni une confirmation tangible lorsqu'il a été ressuscité et qu´il m'a raconté personnellement son expérience de mort imminente. Il est maintenant un de mes guides, responsable du domaine de la guérison. Ensemble le psychothérapeute, M. Kistler et le Dr Barthès m´inspirent et m´enseignent brillamment, concernant mes découvertes et l´entretien de ma santé.
Par son panthéisme, ma mère m'a soutenu, en particulier ces dernières années, dans mon rapport à la nature et à mon intuition pratique. Elle m'a montré le pouvoir de l'amour, de la

simplicité et de l'émotion et elle me guide en m´accompagnant dans mes voyages du ressenti.

De nombreux autres assistants et enseignants spirituels m´entourent également. L'aide est toujours à notre disposition. Selon les besoins actuels, les principaux guides font appel à d´autres accompagnateurs spirituels.

Malheureusement mes frères et mes amis de l´espace me paraissent trop distants. Pourtant, ils sont ma vraie famille d´origine. Une nostalgie insatiable me propulse en avant et tourmente mon cœur encore et encore.

Ensuite, Frank Alper est apparu comme un enseignant spirituel de premier plan durant mes progrès de médium. Il a été lui-même medium universel dans le monde entier durant 30 ans. Dans les années 1980, il a été l´auteur de plusieurs livres sur l'utilisation thérapeutique des cristaux à l´époque de l´Atlantide. Je l'ai rencontré à Munich et il voulait m'enseigner le channeling, ce que j'ai refusé car j'avais peur de mes propres capacités ainsi que d'être limitée par les croyances étroites d'un système. Il m'a inspiré à fonder le centre-aura-médium. Jusqu´à ce jour, il m'accompagne de sa façon sérieuse, claire et non-intrusive. J'éprouve une profonde gratitude envers lui en particulier et pour tous mes guides spirituels.

"Tu possèdes tous les morceaux du puzzle dont elle a besoin"
C'est le témoignage d'un défunt que je n'ai pas connu de son vivant. C'est le mari d'une femme dont j´ai fait la rencontre en personne durant seulement 15 minutes. Lors de cette visite éphémère, elle ne m´a pas laissé une impression agréable. Elle est ensuite retournée à l'étranger, où elle habite. Malgré cela, elle me revenait sans cesse à l'esprit, même si nous n'avions échangé que de brefs propos. Pourquoi penser à elle ? Surtout si je n'avais aucun lien conscient avec elle. Je n´arrivais pas à

saisir la situation. Cependant, il m´était impossible de l'ignorer, jusqu´à ce que j´analyse cette constellation de manière clairvoyante.

Enfin, je suis capable d´appréhender son comportement maladroit. Je perçois qu´elle est sous une énorme pression. Elle est veuve et s'occupe d'un domaine qu'elle gère seule depuis le décès de son mari. Elle est dépassée par les évènements. Elle est passive-agressive et elle se crée une vie difficile par ses croyances et son ressenti de victime, tout en se considérant comme une combattante solitaire. Personne ne lui convient. Rien ne lui suffit. Tout le monde l´arnaque. J´éprouve de la compassion pour elle. En fait, c'est une leçon pour moi : je ne devrais pas juger avant de comprendre le contexte de son comportement. Maintenant, il m´est possible de ressentir de la compréhension pour elle et pour sa réaction. Je lui offre mon pardon par télépathie. Ma considération devrait suffire pour apaiser cette situation. Mais elle continue à me revenir à l´esprit de façon récurrente.

Non seulement elle, mais également son mari qui me contacte maintenant par communication télépathique de l'au-delà. Je dois m´adresser à sa femme Amélie. Il faut lui écrire. Elle a besoin d'aide. Lorsque je reçois un tel message, je conclus automatiquement qu'il s'agit d'un traitement énergétique à distance. Que dois-je lui proposer ? Elle et moi, nous nous connaissons à peine. Je ne peux, en aucun cas, la contacter en lui disant la vérité : « Votre mari décédé m'a donné des instructions de l´autre côté du voile, en insistant pour que je vous parle. Je devrais vous demander, ce dont vous avez besoin exactement ? » Non, je ne ferais pas ça. C'est trop sinistre et qui sait si Amélie est ouverte à la notion de l´au-delà. Je n´en ai aucune idée.

Quelques mois passent ainsi. Elle réapparaît constamment dans mon esprit. Je souffre parfois du syndrome de l'aide. Je ne peux pas rester indifférente à la souffrance. Il faut que j´aide d´une manière ou d´une autre. J´avais donné ma carte de visite à Amélie. Si elle a besoin de moi de quelque façon que ce soit, c´est à elle de m´écrire.

Quelques jours passent sans que je pense trop à elle. Jusqu'à ce que son mari se tourne vers moi très clairement avec le commentaire suivant : "Tu as toutes les pièces du puzzle dont elle a besoin". C'était un mystère complet pour moi ! De quelles pièces du puzzle s´agit-il, pour quelqu'un que je connais à peine et avec qui j´ai finalement peu d´affinité ?

Je demande « Que puis-je faire pour elle ? » Puis, cela recommence : je dois la contacter. Je suis tiraillée entre le message télépathique de son mari et mon impression d'Amélie. Mon conflit me partage en 2 : d'une part, l'appel à l'aide clair de l'au-delà que je reçois directement, d'autre part mon manque de connexion avec Amélie, même si je peux faire preuve d'empathie envers sa situation. Soudain, je suspecte de savoir de quoi cela retourne. Peut-être qu'elle a besoin de quelqu'un pour s'occuper de l´ appartement qu´elle possède ici. Oui, ça doit être cela ! Ok, je suis prête à faire cela, si ça peut l'aider. Je suis sincère et je ferai de mon mieux pour l´assister. Je lui envoie donc un texto. Elle répond immédiatement avec une série de soucis et de problèmes. Tout va mal. Afin de limiter les complaintes, je lui propose de garder l'appartement durant son absence. Non, elle n'a pas besoin de ça. D'autres défis sont à venir. Des choses qui doivent être faites rapidement, des situations impératives qui traînent depuis longtemps et qui nécessitent des solutions urgentes. Oui, tout va très mal et il n'y a personne pour l'aider.

Sa situation est encore plus compliquée que je ne l'imaginais. Il y a tellement à faire ! Je me vois incapable d'aider Amélie directement. Ou peut-être que si ?

Il me vient soudain à l'esprit que je connais quelqu'un dans son pays, qui pourrait l'aider. Il habite même à une heure de son village. J'essaie de relier John et Amelie. Ça ne fonctionne pas tout de suite car Amélie, dans son stress, a mal saisi son numéro de téléphone. Il y a un va-et-vient qui l'énerve indûment. Nous résolvons cela rapidement et facilement. Quelques jours plus tard, elle est enthousiasmée par le soutien et le travail de John. Formidable. Je suis ravie d'avoir pu être utile à Amélie. Voilà la solution finale. Mais la débâcle ne s'arrête pas là ! Car en effet, il y avait encore d'autres problématiques pour lesquelles je pouvais lui être utile. Il s'avérait que je possédais les données nécessaires et que je connaissais les personnes qualifiées pour lui venir en aide.

Le mari défunt avait raison : je possédais les morceaux du puzzle dont elle avait exactement besoin.

Cet événement m'a finalement amené à accepter et à améliorer mon métier de médium.

Voici quelques exemples plus amusants. Il s'agit de souhaits matériels que je ne peux pas réaliser pour des raisons financières ou logistiques (je n'ai pas de voiture). Des objets qui me plaisent et que j'aimerais posséder. Impossible de les obtenir pour l'instant. Par exemple, un long miroir ondulé comme une vague. J'aimerais bien en avoir un. Mon souhait est donc irréalisable en ce moment. Jusqu'à il y a quelques jours...

Il y en a un dans une rue du voisinage, très bien emballé avec l'inscription soigneuse : miroir gratuit à emporter. Exactement le genre que je voulais ! Mon cœur se réjouit. Ma raison dit aussitôt : Tu es resté si longtemps sans ce miroir. Tu n'en n'as plus besoin. Oui, en fait, c'est vrai. Toutefois, les miroirs « en vague » m´ont toujours plu beaucoup. Ma voix intérieure me dit : « Prends-le donc ! Tu en voulais un exactement comme celui-ci. Regarde : il est si bien enveloppé - pour toi ! Prends-le sous ton bras. Il te procurera beaucoup de joie. Tu l'as souhaité et maintenant le voilà." Je réfléchis en silence : Cela a bien pris 18 mois, mais le voilà gratuit et à 300m de chez moi ! Qu´elle chance ! J´éprouve énormément de gratitude pour cette synchronicité!

Communication avec les âmes de l´au-delà

Ici, j´aimerais partager quelques expériences vécues au long des années.

Un facteur important est de traiter les âmes de l´au-delà avec respect : je formule d´abord une invitation tout en respectant le choix de la personne désincarnée qui souhaiterait apparaître. Cela signifie que personne n'est sommé d´apparaître. Au contraire, le défunt porteur du message le plus bénéfique et le plus utile dans la situation actuelle du client, va se présenter en premier. Les priorités des dimensions supérieures sont différentes et surtout plus claires que celles de notre point de vue terrestre. Les âmes résidantes dans l'au-delà possèdent une meilleure vue d'ensemble que nous.

Il ne faut pas perdre de vue à quel point nous sommes "myopes" et combien nous sommes contrôlés par les conditionnements, les préjugés, la peur et l´égo.

Le contact et l´échange avec les dimensions spirituelles nécessitent non seulement une confiance de base, mais également la capacité de pratiquer activement cette confiance. Cela inclut la certitude illimitée de prendre la bonne décision dans l'instant, sans preuves humaines concrètes et sans garantie ou confirmation palpables dans l´immédiat – sauf pour l´intuition inébranlable qui nous guide. Cela exige la claire disposition de lâcher-prise et d´exercer notre libre arbitre, quel que soit l'issue. La présence inconditionnelle requise et le dévouement complet à la guidance spirituelle dans le moment présent sont primordiales. Les étapes individuelles, l'une après l'autre, peuvent être visualisées comme si on traversait un gouffre relié par une corde. C´est sur cette corde tendue entre les 2 rives que nous progressons, fixés sur le présent, un pas après l´autre, sans même regarder vers l'avant. L'ego n'aime pas ça du tout.

Durant la communication avec les âmes passées au niveau astral, nous nous rendons réceptifs aux messages qui proviennent d'une perspective supérieure. Quelquefois, elles peuvent nous surprendre, car elles transcendent nos œillères mentales "Je n'y aurais pas pensé moi-même" "Je n'avais jamais perçu cela de ce point de vue » C´est le genre de commentaires qu´elles nous inspirent communément.

Dans la mesure où nous sommes disposés à accepter une perspective plus vaste, nous devenons réceptifs à une qualité de réflexion qui dépasse nos concepts et nos visions les plus vastes. Les informations auxquelles nous accédons alors, sont dépourvues des traces de l´ égo. Leur validité est individuelle car elles sont adaptées à la personne et à sa situation actuelle. Les données reçues sont éthiques, parce qu´elles sont dénuées d´égoïsme. En fait, elles sont en harmonie avec le bien commun supérieur qui inclus tous ceux concernés.

1er exemple :

Une cliente que je connais bien, Jasmine, aimerait entrer en contact avec une tante éloignée. Elle a des questions à lui poser, car ce membre de la famille a été mise à l'écart. En outre, elle n'aurait jamais été mentionnée et on l´aurait exclue de l´héritage. J'explique à Jasmine que nous allons, en effet, poser l'intention de contacter ce membre ostracisé de sa famille. Cependant, respectueuse des priorités de l'au-delà, j'invite les âmes à se présenter, qui ont un message essentiel pour ma cliente.

La première personne que je perçois est un enfant masculin. La période correspond à l'époque entre les deux guerres mondiales. Le garçon joue près d'un étang. Tout d'abord, ma cliente ne reconnait aucun lien avec ce garçon. Elle s'attendait à la description d'une tante ou peut-être d'une petite fille, mais certainement pas d'un garçon. Ma description ne lui dit rien. Je vois un petit mur. En arrière-plan, il y a un chien qui aboie derrière une clôture. Il a beaucoup d'espace, mais il préfère longer la clôture et accueillir les passants. La scène s'annonce idyllique. Mais l'ambiance est de plus en plus tendue. Une sensation d'oppression dans ma poitrine me coupe le souffle. Je suis le petit garçon et je ne peux plus respirer.

"Le chien, le garçon... non, je n'ai aucune idée de quoi cela retourne. Nous avions un chien mais pas dans un près, derrière une clôture. Non, malheureusement.... » Je suis les mots de Jasmine au téléphone. Toutefois, je continue à décrire ce que je perçois.

Soudain, j'entends un jaillissement d'émotion à l'appareil.

"Oh oui, je sais ! Mon grand-père s'est précipité au secours de ce petit garçon, alors qu'il se noyait dans l'étang ! Maintenant je me souviens. Oui, je reconnais de qui il s'agit. Je ne connais pas le nom du gamin. Cependant, j'ai souvent entendu parler de lui et comment mon grand-père a tenté de le sauver en lui donnant les premiers secours. Tristement c'était en vain, car le petit voisin est décédé à l'hôpital. En effet, c'était toute une histoire à l'époque avec ce petit. Mon grand-père était même considéré comme un héros, car il s'est jeté à l'eau de façon désintéressée pour aider l'enfant. On m'a raconté cette histoire plusieurs fois quand j'étais petite. J'ai 60 ans maintenant, c'était il y a longtemps". Jasmine continue au téléphone.

Ensuite, j'obtiens une information importante de la part du garçon lui-même. Son âme est infiniment reconnaissante et il se sent tellement endetté envers le grand-père et sa famille, qu'il les bénir sans cesse. Il protège notamment Roberto, le fils unique de Jasmine. Oui, l'âme du garçon sauvé accompagne Roberto, qu'il est heureux de guider sur son chemin de vie.

Jasmine est profondément touchée pour son fils. Je l'entends murmurer :

"Il n'en a probablement aucune idée..."

Ensuite, je perçois que le cadre et la constellation de l'autre monde se dissolvent avec les impressions qui en font partie.

Immédiatement après, une scène tout à fait différente émerge : celle d'une jeune femme derrière un comptoir. Sa coiffure me donne un indice sur la période précédant le déclenchement de la Seconde Guerre mondiale. Je ressens une impression de légèreté. Elle est de bonne humeur, presque insouciante. D'abord, elle se tient là, immobile et joyeuse, puis elle commence à bouger. Elle parle de choses simples, du quotidien et son humeur positive est contagieuse. C'est tout ce que je reçois. Jasmine ne ressent aucune résonance avec elle. Il s'agit là de quelqu'un qu'elle n'as pas connu.

C'est ainsi que Jasmine décrit la 2ème personne qui vient d'apparaitre.

Cependant, je perçois d'autres impressions, venants de l'autre côté du voile et je les décris fidèlement. La frivolité de la jeune femme et sa bonne humeur inébranlable sont accentuées au premier plan. Elle a environ 30 ans. Tout le monde se sent attiré par sa légèreté. À l'autre bout de l'appareil, Jasmine garde le silence. Toutefois, je sens qu´elle trie des souvenirs dans sa mémoire.

« Oui, je vois maintenant... C'est la mère. Je sais exactement qui c'est. Elle est tombée enceinte d'un neveu éloigné de ma famille. Cette jeune femme avait mauvaise réputation. On médisait qu'elle l'avait tenté. Ce neveu de notre famille aisée, avait 16 ans à l'époque.

Enfin, Jasmine continue :

« Cette jeune femme est la mère de la tante que je voulais contacter à l´origine ! En tant qu'enfant illégitime, la petite avait été élevée par ses grands-parents parce qu'elle ne pouvait pas rester avec sa mère."

Alors, j´ai un message pressant de la jeune femme qui tient à lui dire : "Sa vie était bonne. Ma fille (qui a grandi avec ses grands-parents) était heureuse et elle a été bien traitée. Elle a toujours eu, tout ce dont elle avait besoin. Elle ne manquait de rien ». Cette déclaration semble un peu extraordinaire, car les mères et les enfants illégitimes étaient sévèrement "discriminés", comme on dirait aujourd'hui.

Maintenant, Jasmine est de nouveau silencieuse. Je sens son esprit travailler intensément. Au bout de quelques minutes, elle réplique, incertaine :

"Au départ, je voulais entrer en contact avec la tante rebutée, c'est-à-dire la fille de la dame un peu frivole, pour lui offrir une compensation financière pour ce qu'elle a vécu en tant qu'enfant illégitime"

"Mais la jeune femme confirme que sa fille a obtenu, tout ce dont elle avait besoin", je répète en porte-parole de l'âme qui est apparue comme la mère de la tante.

"C'est bon à savoir", répond Jasmine. « J´avais l´intention de résoudre le karma de ma famille. Mais si tout va bien.... Il est temps de lâcher prise » dit-elle.

La rencontre inattendue avec la mère de la tante qu´elle voulait tout d´abord contacter, impressionne Jasmine profondément. Elle est reconnaissante, non seulement d'avoir pris contact avec elle, mais aussi de l'apaisement qui en résulte. Elle ressent de la gratitude pour la paix que ces nouvelles lui prodiguent et pour la libération de ce qu´elle imaginait être une dette karmique.

Quelques jours plus tard, je reçois le courriel suivant de Jasmine :

J'ai des informations supplémentaires sur le petit garçon qui t´est apparu du monde spirituel.
J'ai hésité à raconter notre consultation à mon fils Roberto (même si le jeune garçon a adopté un rôle de protecteur pour lui). Roberto ne connaît pas son nom, seulement les grandes lignes de l'histoire. Voici ce que j´ai fait. J'ai laissé trainer la photo de mon grand-père sur la table, que j'ai trouvée par hasard il y a 3 semaines, dans la succession de mon père. Roberto a sauté dessus immédiatement. Alors, je lui ai parlé de notre consultation téléphonique - à savoir de la communication avec l´au-delà que tu as faite pour moi.
Roberto est devenu pensif. Puis, il me dit : "Maman, tu sais, ces derniers temps, j'ai souvent pensé au fait que mon arrière-grand-père avait tenté de sauver la vie de quelqu'un. En plus, il y a quelques jours, j'ai pensé très fortement au petit garçon qui s´était noyé » Son souvenir correspond exactement avec le jour de notre consultation
N'est-ce pas touchant ? Et les commentaires de Roberto nous offrent une confirmation exacte et surprenante .
Et Jasmine de terminer avec « Merci pour ce cadeau merveilleux."

Extraits du mèl envoyé par Jasmine le 31 janvier 2022.

Moi aussi, je ressens un profond respect pour les connexions synchroniques ainsi que leurs détails et leur cohérence qui dépassent les limites de mon imagination. Il ne s'agit pas simplement de la rencontre avec un être bien aimé en particulier, mais aussi des messages, des encouragements et des inspirations transmis par les âmes de l'autre monde. Elles sont réellement présentes et profondément soucieuses de nous offrir leur soutien et leur perspective supérieure, pleine de sagesse. Les personnes désincarnées, contactées par une médiumnité consciente sont des âmes engagées au service d´ autrui, contrairement aux énergies égocentriques. Ces dernières sont avides de gagner du pouvoir en vampirisant les hommes sur terre et en violant l´ordre divin.

À présent, j´aimerais citer quelques courts exemples de communication avec des âmes de l´au-delà, qui ont eu des effets positifs variés sur ceux qui les ont reçus.
1. Des exemples juridiques de personnes qui ont commis une injustice ou qui ont reconnu leurs erreurs et demandent pardon dans leurs messages, comme le jeune homme qui a été aveuglé par les Jeunesses hitlériennes durant son incarnation. Ce n'est que plus tard dans l´au-delà, qu'il se rend compte qu'il suivait un chemin contredisant en fait ses valeurs fondamentales. Certains ont été punis sur Terre et ont réalisé qu'ils avaient fait le « mauvais choix ». Bien que son évasion lui ait apporté une vie paisible à l'étranger, il est revenu sur ses actes qui n´ont pas honorés les lois cosmiques alors qu´il a atteint une perspective plus élevée.

2. On rencontre aussi des âmes qui n'ont pas été sincères et qui ont volé, détourné des biens ou des fonds. Dans cette catégorie, nous retrouvons également ceux qui se sont injustement approprié un héritage. Un client a reçu un rituel d'un cousin décédé pour briser la malédiction familiale qui en suivit. Je me souviendrai toujours de la façon dont le client, qui est infiniment reconnaissant, prononce les mots suivants : « Vous m'avez beaucoup aidé. Pas seulement moi, mais toute ma famille. »

3. Certains "secrets" sont clarifiés grâce à la communication avec les êtres vivants dans l'au-delà, de sorte que leurs contenus sont partagés avec les membres de la famille, en particulier les plus âgés. Les liens qui sont ignorés ou "les âmes oubliées" sont reconnus spontanément par les parents ou les grands-parents. Les synchronicités jouent un rôle particulier : par exemple, le cadeau de Martha mentionné dans le message qui n'a pu être identifié durant la consultation. Ce n'est qu'avec le recul que la description physique et psychologique de Martha a été remémorée grâce aux souvenirs de la mère de ma cliente. Son cadeau d'autrefois, c'est-à-dire le collier aux 3 cœurs, vient d'être retrouvé dans un carton de déménagement lorsque ma cliente, Inna, a emménagé dans l'ancienne propriété de Martha quelques décennies plus tard.

Inna écrit le rapport suivant peu après sa consultation avec moi, la connectant avec ses âmes bien aimées :

"C'était tout à fait fascinant ! Je suis encore sous les impressions reçues durant la communication avec les âmes bien-aimées. Je te remercie de tout mon cœur, ainsi que les visiteurs respectifs de l'au-delà ».

Ecriture automatique et autres moyens de communication (communication avec les animaux, peinture et dessin, exploration de l'environnement à distance)

J'ai toujours pris plaisir à écrire : essais, rédactions scolaires, lettres, articles de journaux, essais de philosophie, etc. J'ai commencé l'écriture automatique très tôt dans ma vie, sans savoir ce que cela signifiait. J'effectue encore un rituel avant de commencer à noter mes pensées. J'ai besoin d'ordre autour de moi. Mon bureau doit être propre et rangé. Il me faut parfois plusieurs tentatives avant de me trouver réellement dans le flux pour entamer la première phrase. Pour que l'écriture soit fluide, je dois ressentir une certaine énergie dès le départ. En outre, des idées en tête ou un projet précis sont les prérequis. Si cela ne convient pas vraiment, je dois tout recommencer. Au fil du temps, j'ai réalisé que j'écrivais le texte que j'entendais dans ma tête. Puis, j'ai profité de ce talent pour rédiger mes livres. En outre, j'ai observé que je reçois des recommandations ainsi que la description du fonctionnement interne de mes clients alors que je me connecte à eux spirituellement. C'est cette capacité dont je fais usage dans mes lectures d'aura et les messages individuels de fin d'année (voir mon site internet : aureliennedauguet.com). Beaucoup de personnes en profitent chaque année concrètement depuis plus de 3 décennies. L'avantage de l'écriture automatique est qu'il est possible de lire et de relire le texte écrit qui a été reçu pour vous personnellement. À chaque lecture, on découvre un sens plus profond et des messages qui n'étaient pas apparents au début, sont révélés à la conscience au travers des lectures suivantes. Bien sûr, le client doit être indépendant dans sa réflexion et capable d'adapter le texte à sa situation personnelle.

J´aimerais maintenant détailler l´utilisation du terme « écriture automatique ». À proprement parler, il signifie que la main du médium en état de transe, est guidée "de l'extérieur" jusqu'à ce que des mots et des phrases émergent. Ma méthode est différente car je suis consciente et même très présente alors que j'entends les mots dans ma tête qui sont à suivre exactement, sinon je perds le fil du récit. Je suis donc hautement concentrée en recevant les canalisations de mon instance supérieure ainsi que des images, des sentiments et des impressions sensuelles telles que le goût, les couleurs, l'étroitesse, l'ampleur pour n'en nommer que quelques-unes. On pourrait également supposer qu'il s'agit d'une sorte de télépathie. Cependant, je ne peux pas forcer le flux mais c´est lui qui me porte : je sens qu'il est là, et parfois de façon très urgente. J'en suis infiniment reconnaissante.

Le programme offert par le Centre-Aura-Médium comprend également la communication avec les animaux. Ce sont des êtres vivants dotés une âme. Ils sont porteurs de la conscience universelle, comme tout ce qui existe. Fondamentalement, toute la nature possède une âme douée de particularités individuelles. Saisir cette individualité nécessite une empathie développée ainsi qu´ une certaine adaptabilité, car elle représente l'expression multiforme de l'unité qui n'est accessible que par le respect et l'humilité.

Voici un petit exemple : je voulais entrer en contact avec un chat mûr et sage. Comme il est plutôt réservé, je tente d'attirer son attention sur moi. Je réfléchis à la question que je veux lui poser. En vain. Finalement, il me lance un regard assez hostile et me dit vivement qu'il me connait déjà et qu'il est consterné par la question que je m´efforce de formuler.

Je suis surprise par sa réaction : "Oh mon Dieu, c'est un mauvais début pour notre communication d'âme à âme » me dis-je en réfléchissant : "Comment se fait-il qu´il me connaisse et qu´il sache ma question ?"

« Tu t´es soigneusement préparée pour l'interrogatoire. J'ai entendu tes pensées" me dit-il télépathiquement

Puis, je lui demande officiellement pourquoi les chats sont si paresseux et ont besoin de tant de sommeil, jusqu'à 16 heures par jour ?"

"Seuls les humains sont constamment actifs et intensément dirigés vers l'extérieur. Nous sommes adaptables et très concentrés sur ce que nous faisons, car la chasse peut être épuisante. Mais la vraie raison de notre long sommeil réside dans notre capacité à voyager dans d'autres dimensions et à y recharger nos batteries. Nous, les chats, appartenons à l'âme du monde et nous y contribuons grâce à la sagesse de notre âme collective. Nous sommes des voyageurs inter-dimensionnels. Nous connectons les mondes. Nous nous relions avec d'autres âmes de notre collectif de chats. Nous ne sommes pas paresseux, mais nous travaillons dans l'au-delà pour l'équilibre de tous les êtres vivants. Nous vivons ici et dans l´au-delà en même temps. Les hommes devraient s'inspirer de nous et se tourner davantage vers l'intérieur ».

Il disparait de ma perception dès qu'il a terminé sa réponse. J'espère qu'il a encore enregistré mes remerciements et mes excuses pour le dérangement. J'aurais aimé lui poser plus de questions, mais je suis reconnaissante de cette réponse détaillée et des images transmises. Effectivement, il m´a donné l´impression de résider dans des niveaux supérieurs et d´être en charge d´ une tâche importante.

Je ne sais pas peindre, je ne sais pas dessiner, et je ne suis ni douée, ni qualifiée dans ces domaines. Pourtant, mon intuition m´a inspirée et m´a encouragée à dessiner à plusieurs reprises.

Un tel exemple est le dessin sur la couverture de mon livre « NOURRITURE LUMINEUSE - MA NOUVELLE VIE AVEC LE PRANISME ». Il a été créé à 4h00 du matin et montre l'une des âmes qui m'a accompagnée pendant mon processus de conversion à la nourriture pranique. L'aspect automatique du dessin et de la peinture sont encouragés durant notre formation au channeling, car l'inspiration dans le cadre de l'expression artistique reflète l'esprit suprême animé par ce que les artistes nomment » les muses ».

L'exploration de l´espace à distance fait également partie de la formation de médium. Elle lui permet de sentir, voir et décrire l'environnement du sujet. De telles perceptions peuvent se produire spontanément. Cependant, elles nécessitent une maîtrise approfondie de la part de celui qui reçoit les informations avec l´intention de les utiliser et de les transmettre professionnellement.

CHAPITRE 4 : COMMUNICATION SUPÉRIEURE

Introduction aux fondements éthiques du centre aura-médium

Un traitement respectueux de tous les êtres constitue la base de notre travail.

LE LIBRE ARBITRE : le libre arbitre et la vie privée du client doivent être respectés. Il ne s'agit pas d'espionner ou d'obtenir des détails intimes. L'abus de capacités médiumniques et autre savoir intuitif peut entraîner une perte des capacités ainsi que l'instauration de l´ équilibre karmique. Le respect des défunts ou des entités appartenant à l´autre monde (maîtres ascensionnés, personnalités connues, anges, guides spirituels, etc.) est la base d'une communication supérieure sacrée. Les messages mensongers ou inventés sont des fraudes qui transgressent les principes éthiques de base. Ces divergences sont enregistrées par le moi supérieur.

LA RESPONSABILITÉ PERSONNELLE du médium ainsi que celle du client est primordiale. Les défunts et les guides spirituels sont désireux d'aider et de fournir des informations. Cependant, ils nous laissent toujours la possibilité de décider pour nous-même. Et le médium doit précisément respecter les choix et la responsabilité du client. La possibilité de faire un choix conscient représente non seulement une occasion spéciale d'exercer notre libre-arbitre, mais également une situation incomparable de progresser sur notre chemin spirituel en respectant l'équilibre karmique. Cette démarche dépend des priorités personnelles, des idéaux, et des crédos au service du bien suprême.

Pour résumer, la communication avec le monde de l´au-delà n´a rien à voir avec le fait de s´exhiber mais plutôt elle représente une manière sacrée de servir le bien commun.

La condition la plus importante s´énonce : IL NE FAUT PAS NUIRE. Alors que le médium assume la responsabilité de la transmission du message, le client assume la responsabilité de son interprétation.

LA PROPRE FRÉQUENCE / LA FRÉQUENCE ADÉQUATE : C´est celle qui nous est individuelle et qui détermine les énergies que nous attirons en tant que médium. Cela exige un travail permanent sur soi.

Tout est communication et nous canalisons tous, tout le temps

Les cellules communiquent entre elles, les planètes en font autant, tout comme les animaux, les arbres, etc. Tout est relié et dans un état d´échange constant et permanent. L'interdépendance règne à tous les niveaux de la création. La remarque bien connue sur l'aile de papillon, qui influence les événements à l'autre bout du monde, symbolise la connexion reliant toute existence. Cette notion a son origine et son explication dans le mysticisme, la métaphysique et la philosophie quantique.

Puisque nous faisons partie du grand tout et que nous sommes en même temps RÉCÉPTEUR ET ÉMETTEUR de fréquences, nous devons être conscients de ce que nous choisissons d´absorber, de convertir et de transmettre.

En fait, nous faisons tous du channeling et ceci à tout moment. J'entends par là, les énergies que nous transmettons à l'univers, consciemment et inconsciemment : la mauvaise humeur, les compliments, la joie, l'impatience, l´information déformée, la prière, l'intention positive, les regards envieux, etc. bref : tout ce que nous donnons de nous-mêmes. Tout ce que nous émanons.

Donc, sachant cela, lorsque nous décidons de passer des messages médiumniques, il est logique de considérer notre intention de base.

Car ce que nous émettons, représente notre CONTRIBUTION personnelle à l'âme du monde.

Dans cette formation spéciale de médium, nous voulons établir une connexion entre la COMMUNICATION DU CŒUR à un niveau supérieur (Ananda Khanda) et l'INSPIRATION élevée DE L'ESPRIT (6ème chakra). Cela correspond aux couleurs de notre site (bleu roi et turquoise). C'est la communication de l'ère du Verseau.

L'alchimie du channeling et de la trans-dimensionnalité

Il s'agit de voyager entre les mondes et de les connecter d'une manière bénévole et précise afin d´ exprimer leurs contenus informatifs. Pour cela, nous maintenons la CLARTÉ de notre canal.

Les dimensions que nous contactons sont un MIROIR de notre intention et de notre attitude.

Pour cela, l´étudiant-médium doit faire face à ses aspects subtiles (les niveaux de l´aura et les chakras). Sa capacité à maîtriser son RESSENTI-PENSÉE (feeling-thinking) est le secret de son succès. Cela amène parallèlement une profonde découverte de nos capacités intrinsèques.

Chaque personne a des dispositions particulières. Les dons personnels sont pris en compte dans ce programme et ils sont soutenus personnellement par des consultations individuelles.

En particulier, grâce à la possibilité de faire des choix appropriés parmi les différentes méthodes de médiumnité et de channeling (voir ci-dessous : Vos nouvelles compétences)

Nous ne sommes pas seulement des êtres multidimensionnels mais également des êtres trans-dimensionnels.

Non seulement un engagement réel mais aussi une persévérance continue sont des conditions préalables pour maîtriser les niveaux variés.

Des évidences claires : la logique interne de la pratique spirituelle

La clarté spirituelle est basée sur l'authenticité et la cohérence. En d'autres termes, le travail intuitif doit avoir une réelle substance : il doit être empirique, avoir du sens et être utile. La communication supérieure est un service rendu aux êtres humains et à leur progression sur leur chemin spirituel. Il est ancré dans la réalité.

La réceptivité, l'interprétation et la manière dont le message est transmis par le médium sont soigneusement analysées.

Qu'il soit simple ou complexe, le message doit élever la vitalité, la joie de vivre et la qualité de vie des autres êtres (humains, animaux, végétaux, bâtiments, projets, etc.).

But et finalité des formations et de leurs contenus

Dans cette formation, vous apprenez à ANCRER, PROTÉGER et NETTOYER vos énergies.

Vous apprenez à aiguiser votre PERCEPTION DE SOI et à élargir la PERCEPTION de votre environnement.

Vous accédez à une SÉRÉNITÉ profonde par l'UNION de votre volonté personnelle avec la volonté supérieure de votre instance spirituelle.

Vous découvrez votre versatilité et en même temps votre individualité et vos dons particuliers. Vous développerez ces capacités dans au fil des modules où vous avez la possibilité de vous SPÉCIALISER à fond dans 2 méthodes.

Votre DÉVELOPPEMENT spirituel général est ACCÉLÉRÉ par l´élévation de votre VIBRATION.
Vous êtes en mesure de recevoir des connaissances supérieures ainsi que des messages concrets et significatifs.

Vous développez à la fois vos CONNAISSANCES THÉORIQUES et vos TALENTS PRATIQUES. Ceux-ci peuvent être utilisés de manière professionnelle, privée, thérapeutique, psychothérapeutique et spirituelle, de façon indépendante une fois que vous avez compléter la formation entière.

Vous obtenez une confirmation de participation au séminaire avec le détail des modules et le nombre exact d'heures. Le nombre d'heures de formation théorique et pratique, ainsi que les heures de coaching individuel et les séances individuelles sont également notés sur le certificat.

Deux formations spécialisées du centre-aura-médium :

1.   Formation complète de médium

2.   Formation de conseiller aurique : lecture et purification de l´aura

FORMATION COMPLÈTE DE MÉDIUM EN 10 HEURES D'UNITÉ DE COURS INDIVIDUEL :

APERÇU DU CURRICULUM

MODULE 1

Préparation et premiers pas de la communication supérieure
Conscience de la propre subtilité :

- L'anatomie subtile : Aura et chakras
- Le focus de l'attention
- L'intériorisation
- Protection, ancrage, ouverture du canal central
- Élever sa propre vibration
- Rencontrer et interagir avec le Soi Supérieur
- Flash, inspiration, intuition
- Qualité, sens et véracité.
- Talents personnels innés et talents à développer
- Ressentir et formuler
- Sensibilisation à l'environnement
- Carnet de bord pour le voyage du médium
- Séance individuelle : 1 heure de lecture de l'aura - Purification de l'aura et recommandations est inclue selon les besoins personnels.
- Coaching personnel inclus
- Questions individuelles et sujets spécialisés sur le séminaire
- Possibilités de conduire des exercices pratiques
- Exercices à pratiquer entre les heures d'enseignement.

- Nettoyage et purification des pièces et des espaces.
- Ressentir le propre flux énergétique et le percevoir chez autrui.
- Contacter les guides spirituels

- Recevoir des messages
- Validité des informations
- Traitement des informations canalisées : neutralité, interprétation, responsabilité
- Causes d'erreurs
- Le rôle de l'ego, de l'imagination et de la confabulation

Dans le module 3, un bref aperçu des différentes méthodes de contact est expliqué. Deux méthodes médiumniques spécialisées sont choisies et approfondies
Voici le choix de spécialisations :
- Établir des contacts et obtenir des informations pendant le sommeil
- Communication écrite et rédaction
- Contacts avec la nature. Communication avec les animaux
- Enrichir la communication grâce à la radiesthésie.
- Dessin, peinture, croquis
- Les 5 sens + 1 sens, sentiments et émotions
- Visualisation et perception à distance
- Contact avec les êtres chéris de l'au-delà
- Communication angélique et Maîtres Ascensionnés
- Lecture du corps physique
- Lecture multiple en galerie
- Lecture des énergies personnelles (psychic reading)
- Contact avec des personnages historiques
- Lecture des espaces, de l'environnement et de champs énergétiques.
- Coaching personnel concernant les choix et les décisions : intérêts personnels et dons individuels

Les 2 méthodes choisies vont être approfondies et pratiquées.
- Séance personnelle
- Coaching individuel
- Possibilités de faire des exercices pratiques.

- Le triangle sacré de l'éthique et de l'interaction : entre le médium, les clients et les guides spirituels
- Intensification du contact à travers les cristaux de roche
- Préparation et nettoyage des pièces
- La tâche du médium
- Travailler en tant que conseiller médiumnique
- Être un médium clair et sain : activité physique sans peur et hygiène mentale générale
- Question et réponse : Le médium comme porte-parole
- La mort : la grande aventure
- Voyage entre les dimensions

- La glande pinéale
- L'Ananda Khanda
- L'état méditatif
- Le « chemin direct »
- Symboles et leur propre langage symbolique
- Voyance
- Le sentiment-pensée (feeling-thinking) de la nouvelle ère
- Ma contribution individuelle au grand puzzle
- Protocole pour la lecture complète
- Indépendance et prise en charge du client
- Certificat pour la formation complète de médium.

CONSEILLER MÉDIUMNIQUE

Cette formation dure 1 weekend. La formation complète de médium est prérequis pour la formation de conseiller médiumnique.

DEUXIÈME FORMATION

FORMATION DE CONSEILLER AURIQUE : Lecture et purification de l´aura

Dans cette formation sont inclus 10 heures d´unité individuelle d´enseignement, des séances régulières de retours ainsi que de nombreux exercices pratiques et des séances de questions et réponses.
L´aurathérapie complète et enrichit toute autre mesure thérapeutique, car elle introduit l´aspect subtile de l´homme.
La santé commence au niveau de l´aura.
Cette formation sur l´aura permet à la conseillère aurique de soigner l´aura et de l´équilibrer, afin d´accompagner le client de manière holistique, tout en accompagnant son développement et sa régénération. Le conseiller aurique est capable de détecter les pathologies de l´aura et de les harmoniser grâce aux méthodes énergétiques de rééquilibrage qu´il maîtrise. Le savoir complet et étendu, ainsi que les perceptions activées sont un enrichissement pour sa vie quotidienne comme pour sa carrière professionnelle.
Les connaissances sont bien ancrées, autant pour leurs utilisations dans le cabinet que pour la compréhension de la théorie. La chirurgie de l´aura fait également partie de ce séminaire exceptionnel. Nous éveillons nos capacités spirituelles latentes au travers de nos perceptions subtiles et de leurs applications pratiques. Ainsi, nous devenons les hommes et les femmes conscients de la nouvelle ère.

CURRICULUM DE 10 UNITÉS INDIVIDUELLES D´ENSEIGNEMENT

L´aura globale.
Sensibilisation à l´énergie de l´aura
Conscience de l´aura
Le savoir traditionnel et ses chercheur
Démystification
L´expérience multisensorielle et ses utilisations
pratiques.
Harmonisation et préparation de la thérapeute
Extension de l´aura et ses effets positifs
L´approche du thérapeute : Ethique et responsabilité
Exercice et pratique
Une séance de questions et de réponses
Préparation de rapport de cas
Les couches variées de l´aura : une vue d´ensemble
Anatomie subtile et interaction entre les différents
niveaux
La théorie des éléments et leur usage pratique
Chakras : Théorie approfondie et perception
Travail commun avec le client
Les axes de l´aura et les destinées humaines
Études approfondies des pathologies auriques
Rétablir l´équilibre aurique
La consistance aurique
Perte de force énergétique : causes énergétiques et
harmonisation
Séance de retour
Rapport de cas

Travail pratique et conseil
Méthodes pour scanner l´aura et topologie
énergétique : pratique et théorie

Apaiser la douleur et introduire des changements
structurels
L´importance du corps éthérique : soin et traitement
Le nettoyage cristallin : une purification en profondeur
Minéraux particuliers pour l´harmonisation de l´aura
générale
Rencontre avec les personnes développant leurs
capacités de percevoir les champs auriques et
énergétiques
Vocabulaire approprié de description
Le chuchoteur de l´aura

Chakras mineurs
Utilisation d´aides auxiliaires
Énergies de forme et formes pensées
Perceptions intérieures et pensée associative
L´effet des sons sur l´aura
Perceptions créatives de l´aura
Les couleurs de l´aura et le dictionnaire personnel des
couleurs
L´aura et l´aromathérapie
Travail aurique d´après Vicky Wall : l´ascension de
l´âme et de la fréquence et la libération des
attachements polluants
Séance de retour
Questions et réponses

Méthode de protection, auto-protection inclue
Méthodes de purification variées de l´aura
Séances approfondies avec des minéraux : une
expérience spirituelle
Amputation : soutien du traitement médical

Travail prophylactique de l´aura : l´aura âgée (anti-
aging)
Incarnations précédentes
Le corps astral et l´aura astrale
Le corps mental et l´aura mentale
La perception de l´aura en personne et à distance
Rapport d´un cas

Chirurgie aurique
Extirpations
Énergies étrangères et entités : parasites énergétiques
Harmonisation aurique pour compléter d´autres
méthodes thérapeutiques
Soins de l´aura pour équilibrer les disharmonies
psychiques
Soins auriques pour plantes et animaux
Protocole de soin aurique
Thèmes associés et éthique : dons d´organe, karma…
Découvrir et activer le royaume angélique en soi
Séance de retours
Certificat pour la formation complète de conseiller
aurique

Le mode d´enseignement sera régulièrement mis à jour et
amélioré sur aura-medium.zentrum.com

Bibliographie

Aurélienne Dauguet
NOURRITURE LUMINEUSE
MA NOUVELLE VIE AVEC LE
PRANISME
ISBN : 978-3-944700-07-6
(livre de poche)
ISBN : 978-3-944700-67-0
(livre électronique)

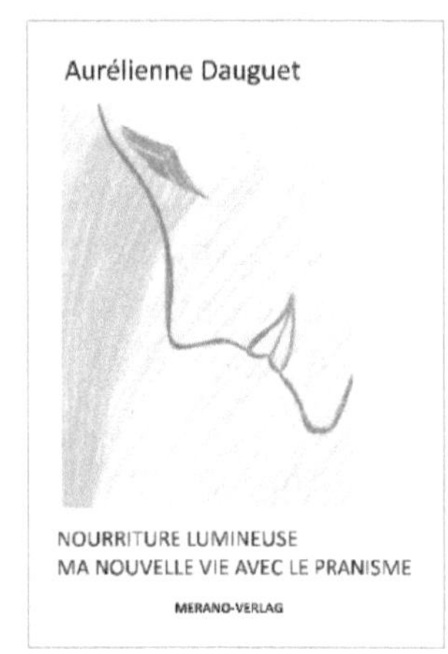

C'est le rapport sur le processus alimentaire à partir de la Lumière de l'auteure. Elle nous confie comment elle a réussi à passer de la nourriture « normale » à la nourriture basée sur les photons. Nous l´ accompagnons pendant la première année de sa nouvelle vie avec la nourriture de Lumière.

Cette description est authentique, terre-à-terre, claire et simple.

Le but de cette contribution est de faciliter la compréhension et l'accès spirituel à la nourriture pranique de façon humaine et réaliste.

Je ne pousse et je n´encourage personne à me suivre. Ce processus est purement interne : il ne peut être que l´ appel de l'âme. Ici, il n'y a rien à prouver et il n´y a personne à convaincre.

Pour l'auteure, la décision de se nourrir de Prana a été l'une des plus importantes de sa vie, tout en gardant la liberté d'arrêter la nourriture lumineuse à tout moment ou de la poursuivre à son gré.

Aurélienne Dauguet
L'Illusionniste
ou
d'aimer et de mourir
ISBN: 978-3-944700-20-5
(Livre de poche)
ISBN: 978-3-944700-50-2
(livre électronique)

Cette histoire vraie fournit des aperçus étonnants dans les contextes karmiques et les vieilles croyances qui exposent un comportement dépassé.

Sur le chemin de la Normandie pour des conversations spirituelles avec un auteur respecté, des connexions de plus en plus inattendues se révèlent.

Comme au travers d'un kaléidoscope, divers destins se déroulent de l'Egypte antique à une promesse libératrice future et lumineuse. Au fur et à mesure, des états inacceptables et des modèles relationnels sont découverts et confrontés, afin de les transformer et les guérir sous le projecteur de la conscience.

Déflexions et des capacités spirituelles sous-tendent chaque jour de votre séjour dans le nord de la France, en Normandie. Les principes éternels se démarquent du récit divertissant et nous offre une compréhension plus profonde de notre propre vie, ce qui inclut le processus de la mort et de l´ amour.

Aurélienne Dauguet

CRÉER UNE NOUVELLE IMAGE DE SOI

ISBN 978-3-944700-14-4
(Livre de poche)
ISBN 978-3-944700-44-1
(livre électronique)

Suis-je telle que je suis et que j´ai toujours été, tel quel sans rien à changer ? Ou suis-je bien là sur terre pour découvrir, explorer, développer et m´exprimer moi-même et mon être ? Ou suis-je incarnée ici pour affiner et ennoblir ma personnalité et la relier en harmonie avec mon essence ?

Autodéterminée et authentique, je progresse à travers le monde en me souvenant de mon étincelle divine inhérente. En tant que créatrice et en accord avec mon moi supérieur, je vis mes aspects éternels et multidimensionnels dans la vie de tous les jours.

Ce travail d'accompagnement à la connaissance de soi jette une lumière transformatrice sur l'être humain en tant qu'être spirituel au cœur du bouleversement et de la percée actuels. La métamorphose bat son plein. La nécessité et la responsabilité de créer une image différente de l'homme sont entre les mains de chaque individu. Une nouvelle image de soi pour chacun contribue à créer directement une identité différenciée pour toute l'humanité.

Aurélienne Dauguet

Établir des limites saines

ISBN 978-3-944700-39-7
(Livre de poche)
ISBN 978-3-944700-73-9
(livre électronique)

La considération, la bonté et le respect de l'espace et du libre-arbitre d'autrui fait partie de l'interaction entre les personnes de la nouvelle ère.

Non seulement parmi les êtres humains, mais également à l'intérieur de notre unité individuelle, une approche consciente est indispensable envers notre corps, nos émotions, notre aspect cognitif ainsi que notre dimension spirituelle.

Dans son 12ème livre (La totalité de ses publications en allemand, en français et en anglais), Aurélienne Dauguet traite d'un sujet profond : de l'instauration de limites saines à des niveaux variés, soient-ils personnels ou dans la vie collective. Grâce à des techniques et à l'explication des paradigmes courants, il est également possible d'établir des délimitations saines au cœur des structures familiales.

La politesse, la bienveillance et une approche humaine sont dues envers toute personne, également envers celles avec qui nous ne sommes pas d'accord. Estimer et apprécier toute vie consciente est un devoir moral.

Le respect de la liberté et du libre-arbitre d'autrui est relié à des conséquences éthiques. Le fait d'enfreindre le chemin évolutionnel d'une personne représente une des plus lourdes responsabilités karmiques.

A propos de l'auteur

Aurélienne Dauguet (née en 1953 à Paris) a une capacité de perception subtile prononcée depuis sa jeunesse. Initialement infirmière (plus formation en psychiatrie), elle est aujourd'hui maître de conférence dans la plus grande école de naturopathie en Allemagne et en Suisse pour l'aurathérapie, la radionique subtile, le processus de la mort d'un point de vue holistique, la guérison spirituelle, etc.
L'offre d'enseignement actuelle est disponible auprès des écoles Paracelse (en allemand).
Formation continue : lithothérapie, aurathérapie, aromathérapie, radiesthésie, essences de fleurs et de pierres précieuses, radionique subtile (sans appareil). Diplômede "Radionic Practitioner" selon la "British Radionic Association" et avec David Tansley, formation Aura Soma avec Vicky Wall. Aurélienne Dauguet était une des toutes première enseignante d'Aura Soma.
L'enseignement et les séminaires sur le thème de l'aura ont lieu dans toute l'Europe.
Depuis une trentaine d'années, elle propose lecture et purification de l'aura, écriture automatique, séances individuelles, cours particuliers et soutien à distance en allemand, anglais et français aussi par zoom que par téléphone. Si vous êtes intéressé, voir les coordonnées.

Contact :
Aurélienne Dauguet
Schiessgrabenstrasse 28, 86150 Augsbourg
Tél: 0049-8214 / 5407744
SITES INTERNET :   aureliennedauguet.com
                     aura-medium-zentrum.com